# EXTRAIT

## DU

# COURS DE DROIT PUBLIC

## DU CITOYEN PISTOR.

METZ,

Chez WARION, libraire, rue du Palais, 2.

—

1848.

*Metz. — Typographie de J. Mayer Samuel.*

# EXTRAIT

## DU

# COURS DE DROIT PUBLIC

### Du Citoyen PISTOR.

### RÉSUMÉ DES PRINCIPES.

Le but de toutes les institutions c'est le bonheur physique, moral et intellectuel du peuple. Pour parvenir à ce résultat, les conditions suivantes sont indispensables :

1° A la place du cynisme politique, dont la conséquence a été le désespoir des âmes honnêtes et la prostitution de tout ce qui est vénal ou corruptible, proclamons le principe de l'amour fraternel, source féconde de bien-être et de grandeur ;

2° Demandons un pouvoir électif établi sur le suffrage universel. Les réunions électorales et périodiques des citoyens *actifs* donneront de la dignité aux sentiments populaires : elles seront la garantie la plus efficace contre l'instinct de réaction soutenu par la peur, la paresse, l'ignorance ou l'ambition.

3° Le principe de l'égalité admis dans l'intérêt de tous, permettra la simplicité dans le mécanisme administratif, la suppression des sinécures, primes données à l'oisiveté, l'augmentation des ressources pécuniaires par l'ordre et l'économie ;

4° Point de contributions indirectes frappant les objets de première nécessité, point de privilège ou d'exemption pour les capitalistes et les rentiers. Il serait inique et absurde de faire supporter tout le fardeau des charges publiques par les propriétaires d'immeubles souvent grevés d'hypothèques, par les commerçants et les industriels soumis aux patentes et dont l'avoir fictif, en partie au moins, repose principalement sur le crédit. Que le revenu, que la fortune mobilière en espèces, créances ou autres objets de valeur, soient appelés à participer aux dépenses de la société ; que le pauvre, n'ayant que le strict nécessaire pour vivre, soit exempt de toute contribution ; que les riches concourent au payement des frais de l'état, en raison de leur superflu. S'il n'est pas facile de déterminer exactement le chiffre effectif de l'avoir net de chaque citoyen, il sera au moins possible de le connaître approximativement et d'établir des classes ou des catégories de contribuables, d'après les déclarations sincères des hommes de bien

et d'après les renseignements de la commune re-
nommée ;

· 5° Les infirmes, les enfants et les vieillards, que
le hasard ou le malheur ont fait tomber dans l'indi-
gence, doivent être le premier objet de notre sol-
licitude. Il n'est point permis à un peuple généreux
de sanctionner les injustices de la nature : l'homme,
s'il veut être l'image de Dieu sur terre, doit remé-
dier aux imperfections du monde physique par l'organisation rationnelle du globe. En faisant oublier à
ses frères les disgrâces de la mauvaise fortune, ce
n'est point une charité qu'il fait, c'est une dette
sacrée qu'il acquitte ;

6° Le moyen le plus sûr de consolider la République, c'est l'éducation nationale. En apprenant à
nos fils les droits et les devoirs du citoyen, faisons-
leur connaître surtout que la première source des
lois doit découler du cœur. En extirpant de leurs
esprits les préjugés et les superstitions, nous les
habituerons au travail, à la tempérance, à l'ordre,
à l'amour de la liberté et à la haine du despotisme.
Fondons des écoles, formons des établissements,
des associations qui permettent à chaque enfant,
pauvre ou riche, le développement harmonieux de
ses facultés physiques, morales et intellectuelles.
La perte d'un talent c'est la diminution du patrimoine
social. La première cause du désordre et du crime
est souvent une vocation contrariée dans son principe ;

7° Il faut organiser le travail, tout le monde convient qu'il y a quelque chose à faire ; mais, dit-on, il y a un problème à résoudre ? A l'œuvre donc, âmes généreuses, mais incrédules : il y a un mois, la République à vos yeux était une chimère ; elle est aujourd'hui, vous l'admettez, une réalité digne de toutes vos sympathies, de toutes vos acclamations ;

Honneur au travail ! c'est le chemin le plus sûr à l'aisance, c'est le titre le plus légitime à la considération.

La famille et la propriété, suivant nous, les pivots les plus solides du mouvement civilisateur, ont été religieusement respectées par les ouvriers, tandis que les régions les plus élevées nous ont donné l'affligeant spectacle de l'immoralité la plus effrénée, de la spoliation la plus révoltante ;

8° En deçà et au-delà du Rhin nous avons vu disparaître les douanes intermédiaires de district en district, de province en province : faites tomber aussi ces barrières absurdes entre l'Allemagne et la France, afin d'ouvrir de nouveaux débouchés à l'industrie et au commerce, afin de donner un nouvel essor à nos ateliers et à nos manufactures. En associant le capital à l'intelligence et au travail, les ressources de l'agriculture et de l'industrie française pourront braver toutes les concurrences. Par la continuation des grands travaux d'utilité publique, par la perception d'un emprunt établi sur le revenu et la fortune dans le but de faire face aux exigences du moment, au lieu de cette crise tant redoutée par le commerce, nous verrons bientôt naître et s'accroître, avec le retour de la confiance, des germes puissans de prospérité.

9° Plus nous réclamons de liberté et d'indépendance, plus nous promettons de soumission à l'ordre établi par l'universalité des citoyens. La loi, jusqu'à ce jour, instrument docile d'une minorité dominante, sera respectée par tous, lorsqu'elle sera enfin devenue l'expression de la volonte générale. Car alors, chacun réglera sa conduite d'après cet axiome de morale éternelle : « *ne fais pas à autrui ce que tu ne veux pas qu'on te fasse.* »

La comparaison des monuments législatifs de tous les âges et de tous les peuples nous fournira cette preuve irrécusable : que les régles de droit, puisées à la source d'un sentiment généreux, étaient toujours protégées par les bénédictions de l'humanité reconnaissante, tandis que les dispositions édictées dans l'intérêt exclusif d'une caste ou d'une race, étaient toujours une cause ou une occasion de calamités publiques ;

10° S'il est utile de connaître les règles conservatrices d'ordre et de bonheur que nous a léguées l'histoire des peuples, il est utile aussi de signaler à l'animadversion publique les débris législatifs encore existants du régime féodal. Une mauvaise loi, survivant à une révolution généreuse, est comme un ennemi vaincu en rase campagne, qui se fait assassin après avoir obtenu grâce de la vie.

11° Chaque époque a ses exigences particulières en fait de représentation nationale. Le moment actuel, plus que tout autre, demande des hommes sincères et énergiques, mais il demande surtout des hommes ayant toujours conservé intact le sentiment de leur dignité. L'indépendance absolue, le progrès sans limites, la foi vive et irrésistible dans un meilleur avenir, voilà les signes auxquels vous pouvez reconnaître les vrais amis du peuple et de la liberté;

12° Pour ne point rester en arrière du mouvement général qui entraîne le genre humain vers une phase nouvelle de perfectionnement, pour ne point s'égarer dans les aberrations de théories stériles en présence de faits si grandioses et si positifs, il reste à l'homme de cœur un moyen de salut infaillible : c'est de retremper sans cesse ses facultés aux sources toujours puissantes de la vie populaire, c'est de chercher toutes ses inspirations au soleil toujours majestueux de la raison publique.

---

# DES

# ATELIERS NATIONAUX

PAR

## Frédéric GUERARD.

La République est le gouvernement du pays par le pays.

Quiconque entrave l'action de la République nuit à ses propres intérêts.

Travailler pour la République, c'est travailler pour soi.

PRIX : 50 c.

# A BORDEAUX,

## CHEZ TOUS LES LIBRAIRES.

---

MARS 1848.

# A MES CONCITOYENS.

———

Une grande voix, la voix du peuple opprimé, s'est fait entendre, et par la volonté souveraine de la Nation, trône, royauté, dynastie ont été effacés.

Comme principe, la République a pris pour devise : LIBERTÉ, ÉGALITÉ, FRATERNITÉ.

Une association démocratique n'est durable qu'autant qu'elle a cette base pour piédestal de son existence.

Comme conséquence, elle promet du travail à tous les citoyens, une rémunération proportionnée au travail ;

En d'autres termes : Égalité naturelle, égalité relative suivant les intelligences ou les capacités ; — distribution dans les cadres sociaux des intelligences et des capacités, non point au profit de chacun, mais dans l'intérêt général, pour le bien de la chose commune.

Nul ne peut être oublié, être mis à l'écart dans cette immense répartition des récompenses ; car ce serait le stigmatiser du cachet de l'exception, et la famille où règne l'union et la concorde ne déshérite pas volontairement un de ses membres.

Nul n'a le droit, non plus, de se soustraire aux charges attachées à sa condition sociale.

Il y aura réciprocité dans les droits comme dans les devoirs ;

et les droits à la reconnaissance seront d'autant plus grands, qu'on aura mieux compris le devoir du dévouement.

La hiérarchie des droits et des devoirs n'est point conventionnelle : elle n'émane pas de la volonté des hommes. Son essence, plus large, repose sur la distribution naturelle des facultés, sur les nuances que la reproduction jette, par le hasard des conformités, sur tel ou tel individu.

Cette hiérarchie, dont la Providence est la régulatrice, ne doit jamais être froissée par l'intérêt ou l'égoïsme. — Dans la fusion de ses moyens opposés se trouve la solution de ce grand problème : le bien-être général des sociétés.....

Ainsi deux catégories s'offrent aux yeux, à peine ouverts, de la République : la puissance morale et les bras, — représentés par l'*intelligence* et les *travailleurs;*

Catégories, si intimément liées, qu'elles se confondront, un jour, dans un centre commun d'union ;

Catégories destinées à ne former qu'un même tout, — attirées l'une vers l'autre par un aimant d'harmonie et de besoins réciproques.

Qu'est-ce que la République sinon l'association d'une population, réunissant ses forces et ses moyens pour arriver à un résultat désiré par tous? Or, les avantages de l'association ne sont pas une fiction : ne la voyons-nous pas développer l'ampleur de sa bienfaisante influence sur les entreprises commerciales ou industrielles, sur les compagnies d'assurances, sur les chemins de fer? — L'isolement est la mort morale de l'homme. Le rapprochement seul lui donne une énergie nouvelle et le pousse plus vigoureusement au devant de la destinée commune.

Le principe de la république est impérissable. Le doigt de Dieu l'a inscrit sur la ligne des siècles d'un bout à l'autre du temps. Le nier serait repousser comme un mensonge les instincts naturels de l'homme..... Qui oserait se placer en face des lois éternelles pour les renverser?.... On terrasse les passions : on ne tue pas l'esprit de la vie !

Mais il faut autre chose qu'exister : il faut travailler en progressant. L'immortalité du principe républicain n'entraîne pas l'immutabilité de son action. De cette magnifique théorie inventée par Dieu à l'application de ses préceptes, il y a une distance dont la mesure est égale au cri des intérêts privés toujours prêts à se dresser devant l'humanité marchant vers le bien-être général.

L'aliment du principe ne peut être superficiel. Il ne doit pas naître de la pensée, mais surgir du cœur. Que le cœur étouffe dans les épanchements de la fraternité l'élan des penchants inharmoniques, et la République s'assiéra triomphante sur l'amour du bien.

A côté de cette devise : LIBERTÉ, ÉGALITÉ, FRATERNITÉ, la République n'a-t-elle pas inscrit tacitement celle-ci : AMOUR, CHARITÉ, DÉVOUEMENT ?....

C'est dans l'accomplissement de cette double devise que s'anastomoseront les deux catégories naturelles désignées plus haut par l'intelligence et les travailleurs.

Du travail pour les bras, une nourriture saine pour l'intelligence, voilà le programme qu'a déjà consacré le Gouvernement provisoire par ses premiers actes.

La conception et l'édification de l'œuvre ne sont pas sœurs. L'une suit inévitablement l'autre : elles ne s'avancent jamais de front. — Tout but suppose donc des moyens.

Qu'un père de famille dise à ses enfants : « Voici ce que je désire pour votre bonheur : allez..... » Les enfants écouteront, et le père de famille, heureux, verra s'élever promptement l'édifice qu'il avait projeté.

Pourquoi cela ? Pourquoi la pensée paternelle aura-t-elle été si rapidement exécutée ?.... Parce que, dans la famille, l'union est assise sur l'amour ; parce que l'harmonie est parfaite, et que tous les membres ont travaillé d'un commun accord.

Mais entre la république d'une nation et la république d'une famille il existe des points de différence manifestes. — A mesure que le cercle s'est agrandi, les intérêts se sont disjoints.

Les forces comme les intelligences ont suivi des routes sinon opposées, du moins divergentes. En l'absence de centre de ralliement, les tendances ont pris un essor varié..... et l'œuvre du bien-être général rencontre des oppositions, non dans le refus d'adhésion au principe, mais dans la négation de moyens sûrs pour arriver, sans choc, à la réalisation de ce même principe.

Ceci ne tient pas à l'individualisme pris rationnellement : c'est la conséquence des diverses situations sociales, des hiérarchies formées par le travail ou par le sort.

Dans l'association moderne, l'intelligence et les bras sont insuffisants pour accomplir une œuvre, quelle qu'elle soit. Il est un mobile indispensable à toute action progressive : ce mobile c'est l'argent, que j'appellerai : le *capital*.

Le bien-être est le but; le capital, le moyen.....

Comment, dans la position financière de la République, réunir assez de capitaux, sans nuire aux autres parties de l'organisme social, pour donner du pain à tous les travailleurs?.... Comment favoriser l'industrie nationale sans porter atteinte à l'industrie privée? — Tel est le problème, palpitant d'actualité, soumis à tous; problème dont la solution ne peut être tardive, car les mains sont levées et demandent le travail qu'elles ont le droit d'exiger.

Dans des circonstances aussi graves et aussi solennelles, tout citoyen indifférent est coupable. Chacun doit offrir son concours, fût-il minime, au monument de la résurrection de sa patrie. — C'est, dans cette pensée, que je publie un *Plan général d'Ateliers Nationaux.*

Frédéric GUÉRARD.

Bordeaux, le 12 mars 1848.

# ATELIERS NATIONAUX.

---

I. Il ne faut pas se dissimuler combien est complexe et difficile la question de l'organisation du travail. Ses ramifications, en effet, sont profondes dans toutes les classes sociales. Les intérêts qu'elle écrase, ébranle ou effleure, sont immenses. Les industries monopolisées, les capitaux en cours de circulation, la concurrence, soit intérieure, soit extérieure, ont poussé tour-à-tour leur cri de détresse lorsque la main de l'économiste s'est approchée, et a manifesté l'intention de modifier le mécanisme consolidé par le temps, en y ajoutant un rouage nouveau, afin que chaque travailleur obtienne sa part de récompense après avoir eu sa part de peine. — Ici un effroi général et des craintes exagérées : là, les masses soulevées, debout sur la brèche de la veille, attendant l'effet de la promesse et réclamant d'un avenir prochain l'édifice national des ateliers en commun.

Le désir des masses est légitime. L'engagement est pris ; il faut y satisfaire... Ne se fût-on pas engagé, il faudrait encore écouter la voix du peuple pour être fidèle au principe républicain.

L'institution des Ateliers Nationaux amènera-t-elle la perturbation dans les entreprises privées? Portera-t-elle le trouble dans les fortunes particulières? Viendra-t-elle peser d'un poids mortifère dans la balance des intérêts de chacun? Détruira-t-elle l'équilibre d'où dépendent l'aisance des producteurs et le bien-être des consommateurs? — En resserrant le crédit ou en absorbant des capitaux considérables, produira-t-elle la disette au lieu de l'abondance, la cherté des denrées au lieu du bon marché?

Si les Ateliers Nationaux s'édifiaient sur des bases destructrices des intérêts privés, ils froisseraient le programme de la République; or, ce programme froissé, le principe ne serait plus qu'une idéalité mensongère.

La République, — ne l'oublions pas, — protège toutes les propriétés; mais, en même temps, elle fait un appel au concours dévoué de tous les citoyens pour le développement progressif de la chose publique graduellement améliorée.

Ne regardons pas la fondation d'Ateliers Nationaux comme une utopie, jetée à la tête des masses, dans un moment d'effervescence, pour les calmer. Il est possible que cet établissement s'opère paisiblement, et sans réaction fâcheuse pour le commerce et l'industrie. L'appui empressé de tous effacera les difficultés dont il est entouré, et cet appui ne manquera pas lorsqu'on comprendra que, dans ce nouvel ordre de choses, travailleurs et capacités, loin de se nuire, marcheront au contraire de concert en s'aidant mutuellement.

II. Le titre d'Ateliers Nationaux ne sera point une dénomination figurée désignant un certain nombre de travailleurs, employés *çà et là* par l'administration de la République. Que pour les travaux à opérer sur les grandes routes, dans les ports de guerre, etc., on réunisse des milliers de bras, on embrigade des ouvriers, rien de mieux. C'est, si l'on veut, une sorte d'atelier national. Mais là ne s'arrèteront pas les bienfaits de la République : le programme ne serait pas rempli. Ne serait-ce pas une dérision que de prétendre avoir ainsi complètement organisé le travail?

Les travailleurs de l'industrie ne seront pas oubliés. On construira de vastes ateliers : on réunira les ouvriers, et les produits seront fabriqués en commun sous le patronage de la République.

Chaque local devra renfermer, suivant le centre social où il sera édifié, plusieurs industries, plusieurs professions, afin d'éviter le déplacement des populations ouvrières, afin que chaque genre de travailleurs soit représenté. De cette manière on procurera du travail à ceux qui n'en ont pas, et on facilitera les directions, pour qui elles sont nées, aux capacités futures.

N'est-ce pas, dira-t-on, paralyser l'industrie privée, lui porter même un coup mortel que d'établir, auprès d'elle, une concurrence d'autant plus redoutable, qu'une économie bien entendue dans les dépenses, une surveillance rigoureuse de l'emploi du temps, permettront de livrer les produits fabriqués à meilleur compte?

Pourquoi ne pas examiner et réfléchir avant de conclure?

Établir un nouveau foyer d'industrie dans une ville industrielle serait une faute. La République ne doit pas la commettre : elle ne la commettra pas..... Mais n'est-il pas possible d'équilibrer l'industrie sur la surface de la France en introduisant dans telle ou telle ville les industries qui n'y sont pas cultivées? — En agissant ainsi, on arrache aux pavés de la rue des milliers de bras oisifs qui courent à la débauche et on passe à côté des industries privées sans les heurter.

N'est-il pas à craindre que les Ateliers Nationaux, appelant à eux les travailleurs, enlèvent non-seulement des bras, mais encore des intelligences aux ateliers particuliers? N'est-il pas à craindre aussi que les ouvriers supérieurs en capacités, se réunissant dans les Ateliers Nationaux, les produits de ceux-ci ne surpassent en qualité ceux de l'industrie privée, et que bien des intérêts ne soient dès lors compromis?

Il est un moyen de tout concilier. — Examinons:

La République promet du travail à ceux qui n'en ont pas, du pain à ceux qui sont dans la misère, un emploi aux intelligences. Mais elle ne dira jamais à un citoyen: J'entretiendrai ton luxe; je pourvoirai à tes folles dépenses; je nourrirai tes penchants. — Elle ne le dira pas, parce qu'elle manquerait à son principe.

La République tendra une main bienveillante à celui qui lui demandera du travail..... Elle sera sourde à toutes les exigences irraisonnables.

Le salaire sera suffisant pour procurer aux travailleurs une honnête aisance : il ne sera pas assez élevé pour alimenter les excès de tous genres auxquels les masses se livrent trop souvent.

Cette diminution de salaire causerait un dommage positif à la concurrence privée si la République prenait l'engagement de fixer la durée du travail dans les Ateliers Nationaux sur les mêmes bases que dans les ateliers particuliers. Pour qu'il y ait compensation, il faut que le Gouvernement n'exige des ouvriers nationaux qu'un travail en rapport avec leur salaire.

Posons un exemple comme point de comparaison :

Dans les ateliers particuliers, la journée de travail est composée, terme moyen, de dix heures, et le salaire est basé sur *deux francs cinquante centimes.*

Dans les Ateliers Nationaux, la journée de travail ne se composera que de six heures, et le prix moyen sera d'*un franc cinquante centimes.*

Il y aura donc équivalent.

La proportion ainsi établie entre le travail et la rémunération, l'industriel n'aura pas à appréhender la concurrence en ce qui concerne les prix. Il sera assuré que les ouvriers supérieurs et plus laborieux qu'il occupait précédemment ne l'abandonneront pas, et préféreront travailler plus longtemps et gagner davantage.

Mais, objectera-t-il peut-être, que le prix de revient des produits des Ateliers Nationaux ne soit pas inférieur à celui de mes produits, qu'il y ait égalité parfaite dans les profits, il n'en est pas moins positif que c'est une concurrence. J'étais seul : nous sommes deux. La consommation est la même; les débouchés ne sont pas plus étendus : je produirai moins. Il y a nécessairement perte pour moi.

Plus loin, je prouverai que les débouchés ne demeureront pas stationnaires.

Quant à la question de concurrence, quel industriel a été ruiné, parce qu'un concurrent est venu, à quelques pas de lui, construire une usine ou une fabrique, et rivaliser d'activité ?

La concurrence, j'en conviens, s'établit entre les Ateliers Nationaux et les ateliers particuliers. Remarquons-le bien : cette concurrence est juste, impartiale. Elle laisse aux uns et aux autres des chances de bénéfices. Bien loin d'écraser l'industrie privée, les Ateliers Nationaux l'accompagnent sans chercher à la dépasser. C'est une sage rivalité et non une antipathie d'intérêts, — rivalité profitable à l'industrie qu'elle développe, utile aux travailleurs dont elle emploie tous les bras.

Cette concurrence des Ateliers Nationaux et de l'industrie particulière ne sera point égoïste comme celle des industries privées entr'elles. Elle sera basée sur une répartition équitable du travail et du salaire, et n'offrira pas le spectacle de ce trafic honteux des commerçants, demandant à l'ouvrier beaucoup de travail pour une faible rémunération. Le citoyen sera récompensé suivant ses œuvres, ses capacités, et ne sera pas, comme hier encore, victime du privilège de l'adjudication, monstruosité sociale où le bénéfice de l'adjudicataire était en raison directe du modique salaire qu'il accordait aux travailleurs.

III. Les ouvriers, dans les Ateliers Nationaux, ne seront occupés que pendant six heures..... Cette durée de travail soulève une grave question de moralité : — Où iront-ils? Que feront-ils pendant le reste de la journée? Les laissera-t-on, livrés à eux-mêmes, s'abandonner à tous les instincts qui se développent dans l'oisiveté ?

La République n'a pas seulement pour mission d'alimenter le corps : elle nourrira aussi l'esprit. Son action ne se résume pas dans l'instant qu'elle embrasse : elle veille sur les destinées éloignées. Le bien-être matériel des populations n'est pas le complément de sa tâche : elle n'oubliera pas l'amélioration intellectuelle. Il faut des bras pour soutenir l'édifice social : il faut des intelligences pour pousser le progrès en avant. — La République n'est pas la fille du présent : elle est la mère de l'avenir.

Si l'ouvrier travaille six heures pour son corps, ne peut-il travailler ensuite pour son intelligence ?

Les travailleurs, en acceptant le bénéfice du travail en commun, accepteront aussi les conditions sans lesquelles toute admission sera refusée. Une des conditions principales sera de terminer dans les ateliers de l'éducation la journée commencée dans l'atelier du travail. L'instruction qu'ils recevront ne s'étendra pas sur tous les genres de connaissances. Elle sera utile sans superfluité. Comme base générale, la morale, les devoirs sociaux, la notion de ces grands préceptes qui font des citoyens des hommes de bien dans la vie privée, des héros dans la vie sociale lorsque le danger réveille le patriotisme.....

L'adjonction d'écoles aux ateliers du travail complète, à peu de frais, la pensée du travail organisé. Pour appliquer judicieusement l'intelligence aux spécialités, l'éducation *professionnelle* est indispensable. L'étude de la mécanique, des mathématiques, de la géométrie, dans ses rapports avec les arts ou l'industrie, en un mot, des branches de l'instruction qui peuvent faire de l'ouvrier autre chose qu'un membre passif, apportera dans les masses une amélioration, dont les résultats, franchissant les frontières de la France, nous poseront avantageusement en face de la concurrence étrangère. L'intelligence, appuyée sur l'étude, développera les instincts natifs des travailleurs. Un classement plus sagement établi des professions et des tendances particulières permettra de distribuer plus utilement les capacités. De ce classement, conséquence du développement de l'intelligence, découlera le perfectionnement des diverses industries.

IV. En garantissant de l'ouvrage aux travailleurs, en ap-

pelant les bras au partage des bénéfices de l'association républicaine, il ne faut pas faire éprouver une commotion dé-
sastreuse aux intérêts déjà assis..... C'est ce qui arriverait si
la République installait des Ateliers Nationaux dans chaque
ville, dans chaque commune. Il y aurait perturbation parce
qu'il y aurait nécessairement froissement; déviation de la
ligne du juste parce qu'il y aurait oubli de sagesse et de
prudence.

La République n'a pas dit : J'emploierai *indistinctement*
tous les bras. — Elle a voulu dire : Je donnerai du travail à
tous les bras *inoccupés*.

A quoi bon distraire de la route qu'ils ont prise des travailleurs satisfaits de leur sort, contents de leur salaire et
ne demandant, dans leurs rêves d'ambition légitime, que la
continuation de leur même salaire!... Si la République s'em-
parait violemment des travailleurs et les contraignait à en-
trer dans ses ateliers, elle serait injuste, oppressive. Elle
procéderait despotiquement, si en pénétrant, l'arbitraire sur
les lèvres, dans le sanctuaire de l'industrie privée, elle lui
enjoignait de se soumettre à une volonté, alors que l'industrie a le droit, comme tous les intérêts, de participer aux
bienfaits de la liberté!... Rassurons-nous : elle ne le fera
point.

Les Ateliers Nationaux ne seront pas la règle générale du
travail : ils en formeront l'exception. Ils compléteront l'industrie particulière, et ne marcheront jamais à l'avant-garde
des intérêts privés. La rémunération qu'ils accorderont sera
la reconnaissance d'un droit et l'indemnité d'une charge : elle
ne sera pas une dîme imposée aux capitalistes, aux industriels, au commerce.

Pour les Ateliers Nationaux, on ne procèdera point par essai.

L'heure des expériences a passé : les jours sont devenus des siècles. — Mais ces Ateliers ne pourront, non plus, du matin au soir,. en quelques heures, arriver à l'apogée de leur développement. Les changements sociaux ne s'opèrent pas, comme les bouleversements politiques, d'un soleil à l'autre. — Poser des bases solides et larges pour l'avenir ; planter le drapeau de l'association générale sur un terrain dont nul ne contestera une part de propriété individuelle ; satisfaire à toutes les exigences *légitimes ;* se placer comme centre de conciliation entre les droits réclamés et les intérêts effrayés..... tel est le programme dont la République ne saurait dévier sans courir le risque de se heurter, peut-être même de sombrer dès l'aurore de sa carrière au travers des passions qu'il lui faut apaiser.

La République opèrera donc progressivement. Elle ne décrètera que le nombre d'ateliers nécessaires pour donner de l'ouvrage aux bras *inoccupés.* Quant aux centres sociaux où ces ateliers seront fondés, elle s'étaiera sur les statistiques industrielles, et, en ne fixant d'abord qu'un certain nombre d'ateliers en rapport avec le chiffre des travailleurs qu'elle devra employer, elle prendra à tâche d'établir l'équilibre dans les localités de manière à ne froisser aucun intérêt majeur.

Ici une objection se présente :

Encouragés par les avantages offerts dans les Ateliers Nationaux, les ouvriers des ateliers particuliers, les populations des campagnes, ne déserteront-ils pas leurs travaux ordinaires et ne viendront-ils pas grossir le nombre des bras *inoccupés?* Que fera-t-on alors? La France se transformera-t-elle en un vaste atelier national?

Pourquoi appréhender que les travailleurs abandonnent les ateliers particuliers? La disproportion de salaire ne donnet–elle pas l'assurance que les bras déjà *occupés* ne se déplaceront pas? — Il n'y aura donc que les travailleurs peu zélés qui préféreront gagner moins et prendre moins de peine. Mais ceux–là ne sont pas aussi nombreux qu'on le pense généralement. Et d'ailleurs, l'ouvrier qui n'aime pas le travail n'est pas loin, s'il ne l'a déjà fait, d'encenser l'immoralité; et la moralité ne sera–t–elle pas une des premières conditions exigées pour l'admission dans les Ateliers Nationaux?

L'Atelier National ne s'ouvrira pas devant tous les travailleurs indistinctement. Beaucoup ne tarderaient pas, en effet, à abuser des bienfaits de cette institution. Des règlements, justes mais rigoureux, détermineront les obligations contractées par ceux qui seront acceptés.

Cette mesure n'est point une exception ; elle est dictée par l'amour de l'ordre : elle protégera les intérêts des industries particulières.

S'il était loisible à l'ouvrier d'abandonner momentanément ses travaux de la veille pour venir prendre place dans les Ateliers Nationaux et de sort'r bientôt de ceux–ci pour rentrer dans les ateliers de l'industrie privée, l'institution du travail en commun serait une conception déplorable, fatale, puisqu'elle favoriserait l'inconstance. Les bénéfices de l'éducation seraient nuls : le perfectionnement des industries, une fiction irréalisable.

Mais le travailleur ne pourra agir au gré de ses caprices. L'admission dans les Ateliers Nationaux exigera la stabilité, le travail sans interruption. Ainsi, on améliorera le sort des travailleurs, et l'on n'emploiera que les bras réellement *inoccupés*.

Quant aux populations des campagnes, il est aisé de les retenir autour du foyer domestique. — Pourquoi nos champs délaissés languissent-ils? Pourquoi demandent-ils, en vain, des bras en assez grand nombre pour les cultiver? Pourquoi les ouvriers de la nature ont-ils salué d'un dernier adieu les cendres de leurs pères, et sont-ils descendus vers la ville?...

N'a-ton pas, dans toutes les circonstances, repoussé les cultivateurs? Ne les a-ton pas oubliés, comme s'ils n'étaient pas dignes d'un souvenir? Ne les a-t-on pas laissés vivre et mourir inconnus, dans cet état d'abjection qu'on leur a fait? — Pour eux, la plus grande part de la peine et la plus minime participation aux récompenses. Ils nourrissent la nation, et la nation passe à côté d'eux sans même dire que ces hommes laborieux, indispensables, ont bien mérité de leurs concitoyens. Pas de stimulant d'émulation, pas de couronne qui vienne ceindre leurs fronts humectés de sueur! Pas de main amie qui presse leurs mains durcies aux rudes et utiles travaux des champs!

Effacez cet ostracisme moral qui fait des cultivateurs une famille d'ilotes. Replacez l'agriculture au rang qu'elle doit occuper. Accordez une palme au clocher du village. Parlez au cœur de ces citoyens respectables, et cessez de regarder l'homme des champs comme une machine inintelligente née pour remuer seulement la terre, ne ressentant dans l'âme aucun élan d'ambition ou de nationalité!...

Alors vous verrez la campagne reprendre un air de fête, le cultivateur aimer sa chaumière, et ses enfants, pleins d'un noble orgueil, s'arrêter aux limites du champ où ils seront sûrs de recevoir désormais des encouragements et des récompenses proportionnés à leur zèle et à leurs travaux.

V. Avant d'entreprendre l'édification des Ateliers Nationaux, la République s'assurera du nombre des bras *inoccu-*

*pés* en France. C'est une statistique qu'il lui est facile d'établir en publiant le programme détaillé de ses ateliers , les conditions d'admission, les charges imposées aux travailleurs, et en recueillant les adhésions , dont le chiffre ne sera pas aussi considérable qu'on le suppose.

Bien qu'il lui soit interdit, par la gravité même des circonstances, de procéder par essai, la République ne peut pas cependant, par un décret s'appliquant à toutes les provinces, instituer des Ateliers Nationaux sur tous les points du territoire. Elle ne le peut point, car sa volonté serait impuissante, car la généralisation immédiate du travail serait une théorie inapplicable, les capitaux ne s'accumulant pas aussi rapidement que l'on promulgue une loi.

La République fera d'abord ce qui est légalement possible, et rien de plus. — Toute prétention du peuple au-delà de cette limite serait une exigence irrationnelle..... La République consacrera les droits au travail, mais ne s'agenouillera pas devant les exigences.

Dans les villes du troisième ordre, la population ouvrière présente si non un chiffre minime du moins un ensemble de bras qui ne dépasse guère la somme du travail. Chacun occupe sa place. Si l'ouvrier ne marche pas à la fortune, il ne connaît pas les rigueurs de la misère. Son bien-être serait plus grand, si le luxe, l'amour de la dépense, n'étaient venus, en développant ses passions, lui imposer forcément des obligations d'amour-propre auxquelles il sacrifie toute idée d'économie, de prévoyance pour l'avenir. Et cependant, même malgré ces causes de dilapidation de son gain journalier, ne le voyons-nous pas donner parfois la preuve irrécusable que son salaire est plus que suffisant pour satisfaire et à son existence et à son luxe ?

A ceux qui diront : La condition du travailleur est essentiellement misérable... je répondrai : il n'y a de réellement misérable que l'ouvrier débauché. — Acheminez-vous vers les caisses d'épargnes et vous rencontrerez le travailleur, père de famille, apportant l'économie de la semaine pour former une dot à ses enfants.

Au lieu d'ateliers de l'industrie, établissez dans les villes du troisième ordre des ateliers d'éducation, et, la moralité marchant de pair avec le bien-être matériel, la condition du travailleur sera considérablement améliorée.

Les Ateliers Nationaux seront d'abord au nombre de dix. Ce chiffre suffit pour habituer les intelligences et les tendances de l'esprit des travailleurs à prendre une direction nouvelle vers l'avenir : il n'est pas assez élevé pour que la République ne soit pas à même de faire face aux dépenses qu'occasionnera un tel établissement. — Ces ateliers seront érigés dans les grands centres sociaux, dans les villes du premier et du second ordre que les statistiques désigneront comme renfermant le plus de bras *inoccupés*. Paris, premier centre social, devra, au moins, en posséder deux.

VI. L'administration de la République s'emparera-t-elle ou non du monopole des Ateliers Nationaux?

Des débris du trône renversé ont surgi la liberté et l'égalité. La République ne monopolisera donc pas telle ou telle branche d'industrie : elle ne se fera pas chef d'atelier au préjudice des populations commerçantes. Ce serait la hideuse résurrection du privilége détruit par le principe républicain, la consécration d'une autorité indépendante de tous alors que toute autorité ne peut désormais être légale qu'autant qu'elle sera l'expression du vœu et des besoins de chacun.

Mais s'il est défendu au Gouvernement de la République de se poser en maître et d'agiter sur les industries la baguette dictatoriale, il est, en même temps, de son devoir de marcher en tête dans la voie du progrès, de se placer, comme jalon, devant la société, pour lui servir de guide et de point de ralliement.

Le Gouvernement ne sera pas définitivement monopoleur; mais il lui est ordonné, par l'essence même de son mandat, de prendre une légitime initiative, d'attirer à lui, provisoirement, en obéissant à l'urgence de la situation, pour déverser bientôt sur tous le bénéfice de cet accaparement momentané.

J'ai posé comme base (sauf modification) la création immédiate de dix Ateliers Nationaux. Supposons que le Gouvernement les établisse lui-même et les mette en activité sous son autorité. C'est du monopole! s'écriera-t-on. C'est vrai..... Seulement ce monopole est temporaire. Il ne durera que le temps indispensable pour que le rouage du travail soit parfaitement harmonique dans ces ateliers.

Le Gouvernement divisera en une foule *d'actions* le capital employé en constructions, achats de machines, d'ustensiles ou de marchandises. Ces *actions*, comme celles des ponts ou des chemins de fer, comme les coupons de rentes, seront mises en circulation et auront un cours légal. Ainsi, le Gouvernement assumera sur lui toutes les chances de l'insuccès, traversera lui-même les difficultés du début, et favorisera les capitalistes, puisque, l'entreprise ayant réussi, les *actions* trouveront un placement facile. L'initiative du Gouvernement sera généreuse, essentiellement républicaine. Il aura travaillé dans l'intérêt général, et, sans retirer de son travail d'autre bénéfice que la satisfaction d'avoir accompli sa mission, il laissera aux populations le profit des Ateliers Nationaux. — N'est-ce pas d'ailleurs un moyen efficace de décider beaucoup de capitaux inactifs à prendre leur essor et à circuler?

VII. C'est ici le lieu d'apaiser les craintes de l'industrie particulière en présence de l'institution des Ateliers Nationaux. L'on ne saurait nier, en effet, qu'il y aura concurrence; mais cette concurrence sera d'autant moins préjudiciable que l'échelle proportionnelle du salaire ne lèsera aucun intérêt privé.

Les débouchés resteront-ils les mêmes?... On peut sans se hasarder, répondre : ils prendront une plus grande extension. — Quelques mots vont le prouver :

Y a-t-il ou non, en France, des bras inoccupés?

S'il n'en existe pas, à quoi bon les Ateliers Nationaux?

S'il en existe, quelle est leur condition actuelle?

Ce sont, pour la plupart, des hommes mal logés, mal nourris, mal vêtus, vivant au jour le jour, ne pouvant se procurer les plus petites jouissances de la vie, puisqu'ils ont à peine de quoi s'alimenter et se vêtir.

Croyez-vous que ces hommes, lorsqu'on leur aura donné un salaire quotidien, consentiront à conserver ces haillons de la misère qui les couvrent? Croyez-vous que, sans rechercher le luxe, ils ne voudront pas entourer leur existence d'une auréole de satisfaction matérielle en rapport avec leur nouvelle position? Croyez-vous enfin qu'ils n'apporteront pas leur contingent à la consommation, et qu'ils n'ouvriront pas eux-mêmes un large débouché aux produits des fabriques?

En second lieu, les bienfaits de la République ne s'appliquent pas seulement aux bras inoccupés; ils rejaillissent sur

sur tous les travailleurs, sur ceux-là même qui n'avaient pas besoin du soleil de la liberté pour être heureux au sein de la famille. — La suppression d'impôts vexatoires attachés aux denrées de première-alimentation, la diminution d'autres charges qui pèsent plus particulièrement sur les classes ouvrières, en généralisant l'aisance, amélioreront la situation des travaileurs, et leur permettront d'employer aux achats des produits de l'industrie ou du commerce, des capitaux naguère consacrés aux objets de rigoureuse nécessité.

Et qu'on ne l'oublie pas! Cette amélioration matérielle ne se renfermera pas, dans le cadre des classes ouvrières : elle s'étendra sur tous les rangs de la société. Son action se fera sentir dans toutes les fortunes, dans une proportion plus ou moins grande, il est vrai; mais toujours est-il que la diminution des charges, entraîne nécessairement la disponibilité d'un capital dans chaque famille.

Bien loin de porter atteinte à ses droits, la création d'Ateliers Nationaux par *actions*, offre, au contraire, au capital un nouveau mode de placement. Et ce placement sera d'autant plus recherché que l'entreprise nationale reposera sur des bases plus inébranlables : *l'intérêt de tous sous la surveillance du Gouvernement....*

Pour exercer convenablement cette surveillance, n'est-il pas nécessaire que le Gouvernement soit intéressé dans les Ateliers Nationaux? Cet intérêt ne pourra jamais dépasser *un vingtième* du capital, afin d'éviter que son influence ne dégénère en monopole.

VIII. La division du capial par actions, favorisera les travailleurs en même temps que les capitalistes?

Comme point de départ, pour établir une comparaison, j'ai

fixé, dans un paragraphe précédent, le salaire de l'ouvrier,
dans l'Atelier National, à *un franc cinquante centimes* par
jour. — Je n'ai point voulu dire que le prix serait égal pour
tous, et que nul ne gagnerait plus *d'un franc cinquante centimes.*

L'uniformité de salaire est plus qu'opposée au principe républicain : elle est anti-sociale.

Tous les citoyens sont égaux devant la loi; mais tous les
hommes conservent-ils la même égalité devant l'intelligence
ou l'énergie des facultés physiques? — Les travailleurs ne
se distinguent-ils pas les uns des autres par la force, l'a-
dresse, la pénétration de l'esprit, possédées à un degré plus
ou moins élevé? Alors que la nature a diversement distribué
les rôles en assignant à chacun telle ou telle capacité, serait-
il sage et raisonnable de renfermer, dans une zône unique
de rémunération, tous les bras, et d'accorder au fort et au
faible, à l'intelligence et à l'incapacité, une part égale de récompense?

Au point de vue social, l'uniformité de salaire est destruc-
trice de toute amélioration, de tout progrès. — Quel est le
mobile qui pousse les instincts au-delà du préseut en les ar-
rachant à l'inertie de la faiblesse ou du désir satisfait? N'est-
ce pas l'émulation, cette noble mère d'une ambition légitime,
qui, fécondant le germe du génie, s'empare des capacités, et
les conduit à la place que la Providence leur avait d'avance
assignée!.... Quel est ce mystérieux levier qui, posant en
face l'une de l'autre deux sociétés justement rivales, réveille
le sentiment de leur orgueil et les excite à ces luttes morales
ou industrielles, toujours bénies, parce que la palme de la
victoire est un progrès? N'est-ce pas encore l'émulation!....

Sans émulation, le *statu quo*..... Et le *statu quo* pour les hommes, c'est l'agonie de l'intelligence, pour les sociétés l'agonie de leur existence matérielle ; et pour les unes et les autres, bientôt la mort !....

L'inégalité du salaire est donc essentielle. Une proportion judicieusement établie répartira les rémunérations en s'appuyant sur la somme du travail de chacun. — Dans aucun cas, cette rémunération, toujours en rapport avec la durée du travail, ne dépassera la relation fixée précédemment entre les Ateliers Nationaux et les ateliers particuliers, afin que les intérèts de tous soient protégés, et que le bien-être des uns n'entrave pas le bien-être des autres.

La gradation du salaire, suivant l'aptitude de chaque travailleur, le perfectionnement de chaque spécialité, stimulera nécessairement le zèle de l'ouvrier, habituera son esprit à l'application, l'engagera à prendre place à côté des plus habiles ou des plus laborieux ; — car un œil intelligent et consciencieux l'observera sans cesse, et la justice des chefs augmentera son gain journalier à mesure qu'il fournira, par son assiduité ou par les succès de sa persévérance, la preuve que son travail, plus considérable ou mieux fini, mérite une rémunération plus élevée.

De cette manière, le travailleur parviendra à recevoir un salaire qu'avec les idées d'ordre, de moralité et d'économie inculpées par l'éducation de chaque jour, il ne dépensera pas entièrement pour vivre et satisfaire aux autres besoins de sa condition. — Que fera-t-il de l'excédant ?

N'existe-t-il pas des Caisses d'épargnes ? répondra-t-on peut-être. J'en conviens. Mais, dans la division du capital des Ateliers Nationaux par *actions*, ne trouve-t-il pas un mode de placement, sinon plus sûr, du moins plus en harmonie avec sa position sociale, plus propre à développer tous les instincts de son cœur en l'attachant plus intimément à son travail?

*L'ouvrier actionnaire de l'atelier dans lequel il est placé? L'ouvrier participant aux bénéfices de son travail? L'ouvrier devenant partie intégrante de l'association?...*

Quel puissant moyen d'émulation et de prospérité nationale?

Et ce résultat n'est pas une chimère.... Il peut arriver : il arrivera, si le capital de chaque *action* est porté à une valeur assez faible pour que chacun soit à même d'en posséder.

On objectera sans doute : l'ouvrier n'apporte chaque semaine à la Caisse d'épargnes qu'une très-modique somme. Sera-t-il assez maître de ses penchants pour cumuler ses économies de manière à avoir le capital représentatif d'une *action?* — Cette objection n'est pas sérieuse.

Établissez, dans chaque atelier, une sorte de Caisse d'épargnes provisoire, et lorsque l'ouvrier aura versé le montant d'une *action*, faites-lui la remise du titre ou de la somme, pour qu'il en opère lui-même le placement.

IX. Cette théorie de la participation de l'ouvrier aux bénéfices de l'association, paraîtra, au premier abord, inapplicable, eu égard au chiffre du salaire. Mais le travailleur employé dans l'Atelier National ne trouvera-t-il pas, à côté des devoirs qui lui seront imposés, des éléments d'économie qui lui permettront de disposer, en moins de temps, d'un certain capital?

Par travailleurs, je n'entends pas uniquement les hommes, mais encore les femmes, les enfants.

Les femmes auront place dans l'atelier, et recevront un salaire proportionné à leur travail.

Les enfants, dans leur bas-âge, élevés gratuitement dans

les écoles jointes aux Ateliers Nationaux, jouiront d'abord
des bienfaits d'une instruction sévère, plus tard d'une éducation *professionnelle*, dont ils seront libres de choisir la
spécialité. Jeunes encore, ils coopéreront au bien-être de la
famille, par l'application, dès qu'ils en seront jugés capables,
de la théorie à la pratique, — application qui, produisant un
revenu pour l'atelier, leur donnera droit à un salaire.

L'ouvrier ne pourra-t-il pas aussi amoindrir ses dépenses
par une nouvelle association, pour son alimentation et celle
de sa famille? La nourriture en commun, dans de vastes ré-
fectoires, dépendant des ateliers, n'est-elle pas un moyen
assuré d'économie? Il ne faudrait pas que la nourriture en
commun fut une des conditions d'admission. Elle serait facul-
tative, le fait de la volonté libre : dans aucun cas, on ne l'exi-
gerait.

X. La création des Ateliers Nationaux par *actions* présente
un autre avantage. Cette forme d'organisation prépare d'a-
vance les voies pour l'avenir. Elle trace les fondemens de la
généralisation de l'association pour le travail, généralisation
amenée sans secousse, par la succession progressive des
choses. — N'est-il pas possible que, plus tard, les capitalistes, les industriels eux-mêmes se réunissent pour fonder
d'autres ateliers? Déjà actionnaires des Ateliers Nationaux,
il ne leur restera plus qu'à compléter l'œuvre en établissant
des succursales au moyen *d'une nouvelle émission d'actions...*
Les succursales fonctionneront paisiblement, sans gêner les
ateliers primitifs ou, pour mieux dire, elles s'uniront par les
liens d'un intérêt réciproque à ces mêmes ateliers.

XI. J'aborde maintenant la question principale, celle devant qui les plus belles théories ne sont souvent qu'un effort d'imagination, poussant jusqu'au bout un jeu de l'esprit dont l'application est impossible :

Où la République trouvera-t-elle les capitaux nécessaires pour édifier et faire fonctionner les Ateliers Nationaux?

La République ne saurait distraire de ses caisses les sommes que réclament les ateliers sans nuire aux autres branches de l'administration. Elle porterait tort elle-même aux classes ouvrières, puisqu'elle suspendrait l'influence de bien des rouages du mécanisme social, en détournant des capitaux considérables de destinations urgentes, utiles aussi dans l'intérêt de tous. Elle ne détruira pas au lieu d'édifier : elle ne doit que continuer l'œuvre commencée en la modifiant. — Ce serait un non-sens désastreux que de déplacer seulement l'action intérieure du Gouvernement, de froisser les uns pour être favorable aux autres.

Un appel de fonds est indispensable : il n'est qu'un moyen de l'exécuter. C'est d'élever *provisoirement* un impôt déjà existant; — impôt tellement général que cette augmentation ne sera presque pas sentie par chacun en particulier.

Je sais tout ce que mot : augmentation d'impôt, a d'impopulaire; combien il flatte les animosités et les soulève. Mais il ne s'agit pas de se récrier sur un mot : il est plus sage de juger par les faits et de prononcer sur les actes.

Quel est le citoyen, sincèrement ami de l'humanité, qui refuserait son concours si on lui demandait de souscrire volontairement pour *deux francs* à une œuvre destinée à améliorer la situation matérielle et morale de sa patrie? — Je ne crains pas de le déclarer : une proposition ainsi formulée ne rencontrerait pas une seule opposition.

Et voilà cependant à quoi se résume la demande de l'élévation *provisoire* d'un impôt pour réunir les capitaux réclamés par l'institution des Ateliers Nationaux !...

Bien plus, cet impôt serait *provisoire :* on peut, à part l'intérêt, le regarder comme un emprunt.

Supposons que la République augmente pendant *deux années* la cote personnelle de *deux francs* par citoyen.

En basant ce raisonnement sur le chiffre de trente millions d'habitants, on trouve, pour résultat de deux années, *cent vingt millions de francs.* — Somme énorme qui ne pourrait sans doute être entièrement employée dans les Ateliers Nationaux...

J'ai, en effet, fixé à dix le nombre des ateliers primitifs. — En évaluant à *dix millions de francs* par atelier les dépenses en constructions, achats de machines, métiers, ustensiles, matières premières, les frais d'installation et de main-d'œuvre, il resterait un excédant de *vingt millions de francs* applicables aux cas imprévus.

Cet impôt, ai-je dit, n'est que provisoire. — En divisant le capital par *actions*, la République ne tardera pas à recouvrer les sommes déboursées par la vente de ces mêmes actions. Alors les *quatre francs* d'impôt extraordinaire payés par les contribuables pendant les *deux premières années* seront déduits des impôts des *deux années suivantes.* — La Nation aura ainsi fait une œuvre humanitaire, et chaque citoyen n'aura même pas eu besoin d'offrir un concours généreux.

XII. Il peut arriver que, par suite d'éventualités qu'il n'est pas donné à l'homme de prévoir, les actions des Ateliers Nationaux éprouvent une dépréciation de leur valeur première. — Cette dépréciation diminuant la somme que la République encaissera lors de la mise en circulation des actions, comment celle-ci remboursera-t-elle intégralement aux contribuables l'emprunt qu'elle aura fait?

Au premier abord cette question semble ardue : elle paraît presque impossible à résoudre. Cependant le Gouvernement arrivera à sa solution. Pour cela, il faut que par un décret, hors d'atteinte duquel seront les classes ouvrières, il frappe momentanément d'un droit un luxe social.

Le remplacement militaire n'est-il pas encore le privilège de l'argent? Le mode usité de remplacement n'est-il pas défectueux en ce qu'il substitue, le plus souvent, un homme grand, robuste, voilà tout, à un homme qui, à ces conditions, joint l'intelligence? Ne voit-on pas, dans les cadres de nos armées, des soldats qui ne prêtent à la défense de la patrie que le concours de leurs bras, remplir la place de citoyens qui auraient dû y apporter l'appui moral de leurs capacités?

Pourquoi n'exigerait-on pas un remplaçant égal, non seulement en proportions physiques, mais encore en intelligence à l'individu remplacé? — Et comme le remplacement implique, en ce qui concerne le remplacé, l'idée de la fortune ou du moins d'une certaine aisance, pourquoi ne prélèverait-on pas sur lui un impôt basé sur ce que sa famille paie de contributions, sur sa condition sociale ou sur son intelligence?

Le produit de cet impôt serait joint aux fonds affectés aux Ateliers Nationaux.

Il en résulterait amélioration pour l'armée si le remplacement n'avait pas lieu, revenu pour le trésor public dans le cas contraire. — Je prévois une objection.

Le remplacement militaire est un privilège...Tout privilège disparaît devant l'esprit républicain... Le remplacement militaire n'existera plus...

Loin de moi la pensée de coopérer au maintien d'un seul privilège. Mais je veux ce qui est raisonnable, ce qui est possible, et je ne demanderai jamais l'extinction de tous les privilèges du jour au lendemain; car il est des positions sociales qui, rompues brusquement, entraîneraient après elles des catastrophes irréparables.

N'a-t-on pas déjà vu le Gouvernement provisoire s'arrêter devant les privilèges des courtiers, des agents de change, des notaires qu'il avait l'intention d'abattre. Il s'est arrêté et il a eu raison. Il s'est arrêté non point pour leur donner sa sanction, pour les laisser vivre, mais pour réfléchir, pour étudier comment passera le niveau de la République sans écraser trop d'intérêts considérables.

Que doit faire le Gouvernement dans la situation où l'a placé inopinément la destruction de la royauté? Proclamer le principe républicain dans la plus rigoureuse acception du mot et introduire l'action du temps dans certaines modifications sociales qui ne marchent pas aussi vîte que les révolutions.

Ce n'est pas violer le principe que de temporiser pour l'étendre sur toutes les classes de la société..., c'est le mettre sagement en pratique.

L'impôt du sang est le plus onéreux qui pèse sur les citoyens! Il ne sera plus racheté au poids de l'or : chacun paiera à la patrie la dette de sa personne! — Cependant le Gouvernement ne fera-t-il pour le remplacement militaire ce qu'il fera pour les autres privilèges?

Ne peut-il déclarer, en principe, que le remplacement est aboli, et retarder la mise en application de ce principe alors surtout que la nation entière profitera de ce retard par l'impôt prélevé sur les remplacés?

Admettons que le Gouvernement décrète l'abolition du remplacement militaire et qu'il le laisse néanmoins exister pendant deux années.

Admettons aussi qu'il impose, dès aujourd'hui, le remplacé d'une somme de *cinq cents francs.*

Posons, comme base de notre raisonnement, que, sur chaque levée annuelle de quatre-vingt mille hommes, le chiffre des remplaçants figure pour *dix mille.*

*Dix mille* remplaçants par an, à *cinq cents francs,* forment, pour deux années, un total de *vingt mille hommes,* soit *dix millions de francs* versés dans le trésor.

Cette somme, applicable en cas d'urgence à l'institution des Ateliers Nationaux, n'est-elle pas plus que suffisante pour parer aux chances de baisse qu'éprouveraient les *actions* ?

Or, comme cette somme ne sera pas représentée par les valeurs mises en circulation, il s'en suivra que les capitaux des contribuables resteront dans toute leur intégrité.

Cet impôt sur le remplacement n'est point, on a dû le comprendre, une des conditions essentielles de l'édification des Ateliers Nationaax. C'est celui qui, atteignant le moins les classes ouvrières, présente une exécution plus facile. Cependant, ce n'est pas à dire pour cela qu'on ne puisse obtenir par une autre voie le capital complémentaire destiné à balancer la baisse supposée des actions.

Le *luxe* n'attend-il pas qu'on lui donne des charges? Les possesseurs de *coupons de rentes* seront-ils toujours à même d'éluder cette obligation de tout citoyen : contribuer, dans une proportion relative, au bien-être général?

---

Je n'ai point eu l'intention de tracer un plan complet d'Ateliers Nationaux ; j'ai voulu seulement en poser les bases générales. Aussi n'entrerai-je pas dans les détails d'organisation intérieure. — Ces détails appartiennent aux règlements particuliers qui régiraient les ateliers. Ils ne sauraient être développés dans l'esquisse rapide d'un système.

Je n'ai pas l'orgueil de croire à la perfection du projet que je viens d'exposer, mais j'ai la conscience d'avoir travaillé utilement. — N'est-ce pas de l'apport commun des opinions diverses que surgissent les conceptions utilement modifiées?

Je me résume en livrant aux réflexions de tous les hommes spéciaux les principaux points de cet aperçu sur l'organisation du travail :

1° *Fondation d'Ateliers Nationaux de l'Industrie, pour donner du travail aux bras inoccupés.*

2° *Adjonction à ces Ateliers d'ateliers d'éducation.*

3° *Instruction professionnelle.*

4° *Durée du travail moins longue que dans les ateliers particuliers, pour ne point porter atteinte aux intérêts privés.*

5° *Salaire proportionné à la durée du travail.*

6° *Gradation du salaire suivant les intelligences ou les capacités.*

7° *Division, par actions, du capital social des Ateliers Nationaux, dans l'intérêt des capitalistes et des travailleurs.*

8° *Association de l'ouvrier à l'entreprise nationale.*

9° *Emprunt remboursable par la vente des actions.*

10° *Impôt sur le remplacement militaire pour compléter le capital social, formé par les contribuables, dans l'hypothèse où les actions des Ateliers Nationaux éprouveraient une dépréciation.*

BORDEAUX, IMPRIM. DE J. DUPUY ET COMP., RUE MONTMEJAN, 7.